पंछी गीत गाता

(कविता-संग्रह)

AF656899

पंछी गीत गाता

सुरभि तलरेजा

हिन्द युग्म
hindyugm.com
BLUE

ISBN : 978-81-951286-2-4

प्रकाशकः
हिंद युग्म ब्लू
सी-31, सेक्टर-20, नोएडा (उ.प्र.)-201301
फ़ोन- +91-120-4374046

मुद्रक : थॉमसन प्रेस, दिल्ली
कला-निर्देशन : विजेन्द्र एस विज

पहला संस्करण : 2021
मूल्य : ₹150

© सुरभि तलरेजा

Panchhi Geet Gaata
A collection of poems by *Surbhi Talreja*

Published By
Hind Yugm Blue
C-31, Sector-20, Noida (UP)-201301
Phone- +91-120-4374046
Email : sampadak@hindyugm.com
Website : www.hindyugm.com

First Edition : 2021
Price : ₹150

सफ़र की दास्तान

सुरभि तलरेजा का जन्म आगरा में हुआ और उन्होंने अपनी शिक्षा आगरा शहर में प्राप्त की। इन्होंने अपनी पहली कविता दसवीं कक्षा में लिखी थी और फिर कविताएँ पढ़ने-लिखने का सिलसिला चलता रहा।

शायरी का शौक भी इन्हें बचपन से ही था, तब चंद शब्दों में इन्होंने अपनी पूरी ज़िंदगी को शायरी में लिखने की कोशिश की थी।

कुछ अधूरी दास्ताँ
कुछ अधूरी प्रीत
और मेरे सपनों के
महकते चंचल गीत
पल में रूठ जाता था पल में हँसता था
दिल किसी बच्चे-सा सीने में रहता था

कुछ ऐसे अशआर जो जीवन को बहुत नज़दीक से देखने के बाद दिल से निकले।

मुरझा ना जाएँ फूल कहीं आँखों के
कभी तो उजालों से मेरी मुलाक़ात हो
इंतहा देखिए मोहब्बत की
अब तक उसे दुआएँ देते हैं

जीवन के उतार-चढ़ाव ने अपनी दिल की बातें डायरी के पन्नों में लिखकर जीवन को महक देने की कोशिश की।

दुख की रातें बीत गई
अब दिन ये रौशन आए हैं

सुबह की पहली किरण के संग
नये उजाले लाए हैं

कुछ ऐसे शेर जो जीवन को बहुत नज़दीक से देखने के बाद दिल से निकले। और जीवन के अँधेरों को नई रौशनी देने का सिलसिला यूँ ही चलता रहा। ज़िंदगी के कारवाँ में सफ़र करते-करते ये रचनाएँ उसी सफ़र की दास्तान हैं। इनमें समाज, रिश्ते, प्यार, जैसे अलग-अलग किरदार निभाए गए हैं।

इस शायरी में मैंने दर्द और अपनी ताक़त दोनों रंग-रूप निभाने की कोशिश की है और जो-जो जीवन ने दिया जैसा जीवन जिया वो सब क़लम से लिखा।

चला गया वो मगर साथ ना छोड़ा
अपनी यादें दे दीं उम्र भर के लिए

इस छोटे से जीवन ने जो कुछ भी मुझे सिखाया वो सब कुछ मैं आप सब के हाथों सौंप रही हूँ।

उम्मीद करती हूँ कि मेरी ये कविताएँ आप सभी को पसंद आएँगी।

कविता-क्रम

मुझमें अभी ज़िंदा है प्यार

मुझमें अभी ज़िंदा है प्यार थोड़ा-सा
किनारा दूर नहीं जाना है उस पार थोड़ा-सा
बंजारी फिर रही है हवाएँ तलाश में
मेरी साँसों से मिल जाए, पुकार थोड़ा-सा
ज़िंदगी जीनी है तो दुख को गले लगाओ
मज़ा लेना है तो ख़ुद को मार थोड़ा-सा
सितारों की चादर पहनी हुई है सहर ने
सूरज बेक़रार है, सुबह को कर तैयार थोड़ा-सा
वो मनमानी करती है, तू परेशान ना हो
ज़िंदगी है, सँवर जाएगी, पहले उसको बिगाड़ थोड़ा-सा

मिलके फिर बिछड़ना

तेरा मिलना, मिलके फिर बिछड़ना बहुत सताता है
एक नग़मा मेरे होंठों पे आकर ठहर-सा जाता है

तेरी आँखें कोई दरिया, समंदर या कोई सागर नहीं
फिर भी ये दिल इन आँखों में हर पल डूब जाता है

तू कोई सूरज, सितारा या जुगनू भी नहीं है
फिर क्यों तेरे होने से रौशन मेरा जहाँ हो जाता है

तू मेरे दिल में समाया हुआ है इस तरह
की मेरा ख़ुद में ख़ुद का होना याद आता है

अलविदा तुमको

अलविदा तुमको तुम अपना ख़याल रखना
मेरा वीरान है गुलशन
तुम किसी और बगिया का गुलाब बनाना
अलविदा तुमको तुम अपना ख़याल रखना

मेरी कश्ती है डूबी हुई मझदार में
माझी तुम किसी और नाव की पतवार बनना
अलविदा तुमको तुम अपना ख़याल रखना

मेरी आँखों में ग़म का सागर है
जो गिरते हैं आँखों से वो मोती ले लो
पिरो के इनको अपनी बाँहों में
किसी के गले का तुम हार बनना
अलविदा तुमको तुम अपना ख़याल रखना

मेरे दिल के कोनों में अँधेरा है
अँधेरों में तुम कभी ना रहना
एक किरण अब भी जल रही है ले लो
अब तुम किसी और के आँगन का चिराग़ बनना
अलविदा तुमको तुम अपना ख़याल रखना

रो सकते थे हम फिर भी हँसकर जिए

आज हमने सूरज की नींद तोड़ी
रात की पलकों से कुछ आँसू उठाए
और जीवन की अग्नि में होम कर दिए

आसमान में उड़ते परिंदों से उड़ान ली
और पिंजरों में थके हुए क़ैद
पंछियों के टूटे पंख सिए

इच्छाओं के अमृत को पीने की चाहत में
ख़ुद को शिव तो ना बना सके
फिर भी जीवन के हाथों से विष पिए
रो सकते थे हम फिर भी हँसकर जिए

हर पल मरते हैं

तेरे अक्स को आँखों में लिए
जाने कहाँ-कहाँ चलते रहते हैं
अब तो बस साँसें ही ज़िंदा हैं
हम तो हर पल मरते रहते हैं

कितना नाज़ुक है ये दिल मेरा
तेरे ज़िक्र से धड़कनों का शोर बढ़ जाता है
तू सामने तो नहीं मेरे
फिर भी हर वक़्त तू नज़र आता है

तुझसे कोई रिश्ता तो नहीं मेरा
फिर भी तू यादों में समाया है
तू ज़िंदगी तो नहीं मेरी
फिर भी तेरे जाने से दिल घबराया है

अँधेरा है हर तरफ़ मेरे
एक चिराग़ धुँधला-सा जल रहा है
शायद वो रौशनी तू ही है
शायद वो धुआँ मैं ही हूँ जो बिखर रहा है

पूरी नहीं होती है ज़िंदगी में

पूरी नहीं होती है ज़िंदगी में सभी हसरतें
रह जाती है अधूरी मुकम्मल होकर मोहब्बतें

ये क़दम आज जो उठे हैं चलने दे इन्हें तन्हा
ठोकर खाए बिना तो नहीं मिलती है मंज़िलें

अपने काँधों पर भी तो रख बोझ ज़रा-सा
यूँ ही तो नहीं होती है कभी पूरी मिन्नतें

जो तुमको याद करते हैं उनको भूल ना जाना
तन्हाई में फिर कभी काट लेंगी रह-रहकर फ़ुरसतें

यह समय की तस्वीर कहीं टूट न जाएँ
हम अपने होकर भी कभी ख़ुद से छूट न जाएँ

ऐसी भी ज़िंदगी लाकर रख देती है शर्तें
रह जाती हैं अधूरी मुकम्मल होकर मोहब्बतें

ये कैसा दर्द

ये कैसा दर्द होंठों पर बैठा गा रहा था
टूटकर कोई तारा ज़मीं पर आ रहा था
हम अपने बिखरे टुकड़े समेट न सके
कोई पत्थर हँसकर हमें देखे जा रहा था
एक प्यासा समंदर को पीना चाहे
एक समंदर प्यासे को डुबो खा रहा था
उस घर में जाकर हम करते भी क्या
जहाँ आईना भी हमें पहचान ना रहा था

जल के बुझ गया हूँ

जल के बुझ गया हूँ मगर मेरी राख अभी बाक़ी है
मैं ख़ुद से छूट गया हूँ मगर मेरा साथ अभी बाक़ी है
पतझड़ फूल तोड़कर ले जा सकती है मुझसे मगर
मैं बीज बन बोया हूँ मेरी शाख़ अभी बाक़ी है
अँधेरा कितना भी हो जाए, रौशनी होगी
मेरे घर की दीवार में एक सुराख़ अभी बाक़ी है

आज तुमको याद किया है

आज तुमको याद किया है किसी ने ऐसे
याद करते हैं चमन बहारों को जैसे

बिछड़ गए कि मिल न पाएँ फिर कभी
गर्दिश में तारे बुझ न जाएँ सभी

शायद फिर कभी अब मुलाक़ात ना हो
होंठों को मुस्कानों की सौग़ात ना हो

फिर भी हम रहेंगे साथ सदा
फूलों से ख़ुशबू होती नहीं जुदा

बोलो हम तुमको याद करते हैं कैसे ?
याद करते हैं चमन बहारों को जैसे

काग़ज़ में लफ़्ज़ घोलकर

काग़ज़ में लफ़्ज़ घोलकर हर दिन पीते रहे हम
अमृत के प्यालों में घूँट ज़हर के पीते रहे हम

सूरज को अपनी पहचान बनाकर
किरणों संग गहरे रिश्ते निभाकर
छींटे धूप के ख़ूब खाते रहे हम
अमृत के प्यालों में घूँट ज़हर के

आँखों की पलकों को ढाल बना के
आँसुओं को गहरी नींद सुलाके
टूटे ख़्वाब के लिबास सीते रहे हम
अमृत के प्यालों में घूँट ज़हर के

बुझते दीयों को बहला-फुसलाकर
बाती को रौशनी की चादर पहनाकर
अँधेरों में उजाले करते रहे हम
अमृत के प्यालों में घूँट ज़हर के

जान बड़ी जोखिम में ली थी हमने

अंबर और ज़मीन की आँख भींचकर
टूटे पंखों को आसमानों की
सौग़ात दी थी हमने
मैली हवाओं में साँस फूँककर
उड़ने की कोशिश की थी हमने
पराजय का श्राप लिखवाकर
रणभूमि में पनाह ली थी हमने
तलवारों को म्यान की
कोख में सुलाकर
लड़ने की कोशिश की थी हमने
जान बड़ी जोखिम में
सूरज से आँख मिलाकर
पिघलने की हिम्मत की थी हमने
बुझ गए तो क्या हुआ
चिराग़ जैसे जलने की
कोशिश की थी हमने
जान बड़ी जोखिम में

दर्द जीना सिखा रहे थे

दर्द जीना सिखा रहे थे
ज़िंदगी पर ग़ज़लें लिखा रहे थे
आँखों से रौशनी तोड़कर
आईने तस्वीर दिखा रहे थे
जो कल तक जन्मों के मीत थे
आज दूर से हाथ हिला रहे थे
ग़लती तो हमारी ही थी
पतझड़ में फूल खिला रहे थे
नींदें हमें आती भी क्यों
हम जो नींदों को सुला रहे थे
कोई साथ नहीं चलेगा पता था हमें
हम अपना हाथ हमीं से मिला रहे थे

'होटल' का खाना

भीषण दोपहरी डामर की सड़क पर
ख़ून पसीना बहाता था
मज़दूर धर्म से नाता था मगर
दो बच्चों का अन्नदाता था
एक दिन बच्चों ने बाबा से पूछा
ये 'होटल' का खाना कैसा होता है
हमने तो कभी सुना न देखा
क्या वह अमृतपान जैसा होता है
आत्मा काँप उठी
और दिल ख़ून के आँसू रो गया
बापू का मज़दूर होना
एक श्राप साबित हो गया
मन में फिर संकल्प लिया
बच्चों को होटल का खाना खिलाना है
कल मालिक से बात करूँगा
पिछली मजूरी लूँगा ये ठाना है
मालिक उसकी बातें सुनकर
ख़ूब ग़ुस्साया चिल्लाया
डामरवाली सड़क पर उसको
पीट-पीटकर मार लगाया
सर अपना मालिक के पैरों पर

रखकर ख़ूब गिड़गिड़ाया
मालिक क्रोधित होकर
ज़ोर से गुर्राया
बोला कल तुझ को मज़दूरी दूँगा
लेकिन कल से और काम न लूँगा
मज़दूर फूट-फूटकर रोया
मगर बच्चों को ख़बर न लगने दी
मेरे बच्चों कल तैयार रहना
हम होटल जाएँगे
जो तुम चाहोगे
वो हम खाएँगे
बच्चे ख़ुशी से उछल पड़े
और करते रहे बापू का इंतज़ार
पर बापू घर आए थे
बिलकुल ख़ाली हाथ
मेरे बच्चों मुझे माफ़ कर दो
तुम्हारा बापू टूट चुका है
तुम्हारे आगे झुकता है
चाहे मुझे जो सज़ा दे दो
तुम्हारा पूरा हक़ बनता है
नहीं बापू रो मत
घर का खाना अच्छा है
'होटल' का खाना हमको
लगता कच्चा-पक्का है

तेरे बिना में जियूँ जैसे

तेरे बिना में जियूँ जैसे
साँसें हवाओं बिना
सूना-सा अब लगता है
आसमाँ सितारों बिना

ढूँढती हूँ मैं तुझको
अंबर से लेकर ज़मीनों तक
नज़र जाकर कहीं
थम जाती है दूर अँधेरों तक

कितनी लंबी लगती ये राते हैं
याद भी तो आती तेरी बाते हैं

रूठे-रूठे से लगते हैं
गुलशन बहारों बिना
तेरे बिना हम जीते हैं
जैसे साँसें हवाओं बिना

फूलों ने नाम की ख़ुशबू ओढ़ी है

चलते जाओ रास्ते आसान हो जाएँगे
क़दम डगमगाए, डगमगाने दो शान हो जाएँगे
जितना मर्ज़ी परिंदों को चलते चलाओ
ज़मींन की आँख लगेगी, आसमान हो जाएँगे
फूलों ने नाम की ख़ुशबू ओढ़ी है
गुलशन को राज़ बता दूँ, हैरान हो जाएँगे
छोटी-छोटी बातों पे इतना रोते क्यों हो
आँसुओं से थोड़ी तिजारत करो, मुस्कान हो जाएँगे
आँधी में पत्थर भी उड़ेंगे, उड़ने दो
अपने हिस्से जो आएँगे, मकान हो जाएँगे

वो ज़हर है तो, ज़हर भी पी लेंगे

होंठों से चेहरे पे हँसी-सी देंगे हम
कभी शौक़ से, कभी ग़म से जी लेंगे हम
फूल नहीं खिले तो काँटों को महकाएँगे
इस जहाँ से दूर एक जहाँ बनाएँगे
वो ज़हर है तो, ज़हर भी पी लेंगे हम
कभी शौक़ से, कभी ग़म से जी लेंगे हम

आज दिल है दिल से दिल की बात हो

आज दिल है दिल से दिल की बात हो
तेरी रूह से मेरी रूह की मुलाक़ात हो
ना तुम कुछ कहना, ना मैं कुछ कहूँगी
सिर्फ़ ख़ामोश निगाहों की खुराफ़ात हो
यह रात थम जाए, सुबह कहीं खो जाए
अब बस हर वक़्त साँसों की ख़ैरात हो
ना तुम हँसना और ना मैं मुस्कुराऊँगी
अब सिर्फ़ उलझती धड़कन फ़रहाद हो
ना मिलने की जल्दी हो, ना बिछड़ने का ग़म
जो पहले कभी न हुए अब वो हालात हो

इक तेरी ही कमी थी

इक तेरी ही कमी थी
हम चाहते और क्या
तेरी ख़ुशियाँ दुआओं में
हम माँगते और क्या
तुम जो मुस्कुरा दो तो
ज़िंदगी चाह लगती है
अँधेरा मेरे दिल का
रौशन राह लगती है
तेरे सिवा इस जहाँ में
हम जानते और क्या
तेरी ख़ुशियाँ दुआओं में
हम माँगते और क्या

काँच का गुड्डा

पापा, बाँध रही हूँ गुड्डा;
मोटरसाइकिल की सीट पर
गुड़िया खिलौना रखकर बतलाई
पापा है ये मुझको हृदय से प्यारा
फूल-सी गुड़िया लगी कुछ मुरझाई
चौथे जन्मदिवस पर मामा ने जो
दिया था
चौबीस घंटे गुड़िया संग गुड्डा,
अल्प जीवन पूर्ण समर्पित किया था
पापा; गुड्डा मेरा नटखट है
शैतानी करे तो डाँट लगाना
लेकिन पापा ये गिर ना पाए
गाड़ी थोड़ा धीरे चलाना
कहकर गुड़िया चली गई
और मैं भी दफ़्तर निकल गया
आज तो पक्का देर हो जाएगी
पीछे गुड्डा जो बैठा है
मगर रफ़्तार धीमी और गुड्डे की सुरक्षा
ही अब जीवन निष्ठा है
शाम हो गई मम्मी;
पापा अब तक क्यों नहीं आए?

ख़बर मिली थी कि पापा गुड्डे को
नहीं बचा पाए
मासूम गुड़िया आँसू अपने रोक ना पाए
वापस काँच का गुड्डा अब कहाँ से लाए

एक ख़्वाब-सा बनके तू

एक ख़्वाब-सा बनके
तू मेरी यादों में रह रहा है
एक ख़्वाब-सा बनके
तू हर पल मुझ से कह रहा है
कि चलो अगर मिल भी ना सके तो
क्या सिर्फ़ एक ख़्वाब ही तो है ये दुनिया
ख़्वाब है ये ज़िंदगी,
ख़्वाब है तू और ख़्वाब हूँ मैं,
बाक़ी सब झूठ है इस दुनिया में
यही सोच के जी रही हूँ अब
और सब से कह रहीं हूँ अब
एक ख़्वाब-सा बनके तू मुझ में बह रहा है

मेरे हिस्से जो आए वो आँसू

मेरे हिस्से जो आए वो आँसू ही सही
इन आँसुओं को तेरी सौग़ात मानते हैं
ये किस्सा कहानी का अंत सो अंत सही
लेकिन हम इसे ख़ूबसूरत शुरुआत मानते हैं

कि अब तो रोना आया फिर भी मुस्कुराए
कुछ इस तरह हम अपने ग़म को बहलाते रहे
अब ज़ख़्म जो मिलते रहे हमें मिले भी उससे
जिसके ज़ख़्मों पर मरहम हम लगाते रहे

तो क्या हुआ ग़मगीन हो गए हम अगर
उदास ना हो, तुम मुस्कुराओ मेरे दोस्त
जो ग़म अगर आए, तुम ही से तो आए

रात दुल्हन-सी शर्माती है

सर्द हवा का घूँघट ओढ़े
रात दुल्हन-सी शर्माती है
तारे झिलमिल करते हैं
फ़िज़ा उल्फ़त के गीत गाती है

बाँध के सेहरा शबनमी
चाँद खिल के निकल आया है
हवाओं ने शोर मचाया
रात का दिल धकधककर आया है

सुरमयी आँखों में हँसकर
घटा ने काजल लगाया है
दूर खड़े एक बादल का दिल
फिर किसी पे आया है

तुम इन ग़मों को पढ़ने की रौशनी हो

किताब के सफ़हों-सी है ये ज़िंदगी
एक सफ़हा अपनों के नाम
एक मोहब्बत के नाम
और एक तुम्हारे
एक सफ़हा दर्द का भी है जिसे शौक से पढ़ा
अक्सर हम इन कड़वे पन्नों को छोड़ देते हैं
और आख़िर में समझ नहीं पाते
अपनी ज़िंदगी की कहानी
जो ख़ुशियों के पन्ने होंगे
वो रात के अँधेरों में भी नज़र आएँगे
मगर चाहे कितनी भी रौशनी हो
ग़म के सफ़हे फिर भी नहीं पढ़े जाएँगे
तुम इन ग़म के सफ़हों को पढ़ने की रौशनी हो

बीती यादों की तलाश

एक लम्हा साहिल पे बैठा
गीली रेत पर दम तोड़ रहा था
वक़्त दौड़ता आया और
लम्हे को बाँहों से लगाकर
बीती यादों की तलाश में खो गया
जाने कितने लम्हों ने हर शाम
वक़्त की बाँहों में दम तोड़ा था
उस एक लम्हे की तलाश में
खड़ी थी मैं भी
और गुज़रते वक़्त की ज़ब्त से
उस लम्हे को चुराने आई थी
इस उम्मीद में कि शायद
मेरी पनाह में वो अमर हो जाए
और उसकी सोहबत में मैं भी जी लूँ
आज तक उस लम्हे को
वक़्त की नज़र से छुपाया हुआ है
और अपनी साँसों से उसमें
दम भरा है
कुछ लम्हें गुज़रते वक़्त में
गँवाने के लिए नहीं होते

बाद तुम्हारे

देखकर फिर किसको अब धड़केगा दिल
सोचकर हर बात ही सहमेगा दिल
देखकर तारे फ़लक में होगा उदास
नूर आँखों में कहाँ फिर लाएगा दिल
दूर ले जाएगा बहलाकर हमें
मंज़िलों का रास्ता फिर भूलेगा दिल
बेक़रार होकर धड़केगा संग तुम्हारे
बाद तुम्हारे कहीं फिर ना ठहरेगा दिल
कौन अपना है, पराया कौन है
ख़ूब हम समझेंगे पर कहाँ समझेगा दिल

जब क़दम चलने लगते हैं

आँखें जिनकी अक्सर ठहर जाती हैं
एक स्थान पर
चलने लगते हैं विचार उनके हर तरफ़
क़दम जिनके रुक जाते हैं
एक ही जगह पर
आँखें उनकी हर जगह दौड़ने लगती हैं
और जब क़दम चलने लगते हैं
तब ठहर जाती है निगाह
सीमित हो जाती है सोच
मगर जब दिल चलने लगता है
अपनी सामान्य गति से
कुछ तेज़
तब रुक जाते हैं क़दम
बंद हो जाती हैं आँखें
और विचार भी खोने लगते हैं

सड़क का सिकंदर

मंदिर के बाहर बैठा वो
दीवार से पीठ लगाए
एक सड़क गुज़रती पर
दीनता की दृष्टि सजाए
घर से है शायद ठुकराया हुआ
प्रिय बंधुओं का भुलाया हुआ
अपने साथी प्रतिद्वंद्वियों
से है अनजान वो
लाचारी, अशक्ति
दीनता की पहचान वो
नहीं है आस उसे सिर्फ़
कटोरे पे बजती खनकार की
ज़रूरत है दया-दृष्टि,
करुणा और प्यार की
फटी हुई है क़मीज़
और पाँव भी है अध-नंगा
जीवन हो या मरण
सहारे को भी नहीं है कोई कंधा
पर रुको अकेले नहीं हो तुम
माना लाचार हो तुम
हाथ-पैर कर्म-कौशल से

पर अब डरेंगे लोग तुमसे भी
क्योंकि बना दिया है पेशा इसको
धूर्तों ने अपने बल-बुद्धि कौशल से

आँसू उसके देखकर

देखता रहता है तू किसका रास्ता
तुझ ही में छुपा है तेरा रास्ता
उंगली पकड़ के राह जिसको दिखाई
उस ही ने नपा दिया हमें हमारा रास्ता
चल सकते थे हम भी अपने पाँव से
ये किसने घटा बढ़ा दिया हमारा रास्ता
आँसू उसके देखकर दिन-रात सुबह-शाम
बादल भी गया भूल उसके घर का रास्ता

एक दिन पाना है एक दिन है खोना

याद करके बीते दिनों को क्यों रोना
क्या सोचे उसको हुआ अपना जो ना
ग़म भुला दो हँसो ये सोचकर तुम
एक दिन पाना है एक दिन है खोना
घर से निकला ही नहीं था कभी जो
लाज़मी था उसका एक दिन खोना

क्या यही है अंजाम

नहीं घबराओ तुम
इतना कमज़ोर नहीं हुआ हूँ मैं
अभी सिर्फ़ पड़ी है चार कोड़ों की फटकार
हड्डियाँ कुछ आई है निकल
पर बिगड़ा नहीं आकार
दुगना बोझ लादो मुझ पर
खेपों चाहे तुम जितना
अभी हूँ ख़ूब बलिष्ठ मैं
चारे-पानी की करो ना चिंता
जो भी चाहो सूखा रूखा दे दो
रक्त की बूँद-बूँद निचोड़कर चलूँगा मैं
चाहे कितनी भी हो भीषण ज्वाला
कलेजा अपना तोड़कर चलूँगा मैं
निर्दयता से चाहे जितने कोड़े मारो
जब तक है देह में जान
हाँ मगर जब धरती पर चूर हो जाऊँ
तो करना मेरा थोड़ा मान
नहीं बेचना मुझको तुम
किसी ग़ैर के हाथों में
करना ना विश्वास दुनिया की
उल्टी सीधी बातों में

वो मुझको बहुत सताएँगे
मेरे चमड़े के जूते चप्पल
मांस हड्डियों को गलाएँगे
जब तक हैं प्राण
दूर ना करो
मुझको ख़ुद से तुम
क्या जीवन भर की सेवा का
यही है अंजाम
पूछो ख़ुद से तुम

झुकते हैं

ये दुनिया क्यों नहीं है मंदिर,
गुरुद्वारा और मस्जिद
क्यों सिर्फ़ ईश्वर की मूर्तियाँ
और तस्वीरें सजाई गई हैं
मंदिरों और देवालयों में
अगर होती ये दुनिया
एक मंदिर मस्जिद
सब अपने मन हृदय के समक्ष
मानवता का दीप जलाते
पुलकित होकर दोनों हाथों से
अंतःकरण के सम्मुख
विवेक का नाद बजाते
हाथ उठते सिर्फ़
घंटिका का गुंजन करने को
मुख खुलता कोमल मंत्रों के
मधुर जाप जपने को
सिर नावाने को क्यों फिर
हर कोई अपमान का अपना
सामान समझते
सिर्फ़ इतना हो जाता सोचो
क्या मंदिर-मस्जिद में

अपराध होते हैं कभी
बस ईश्वर की प्रतिमा के आगे ही
तो झुकते हैं श्रद्धालु भक्त सभी

वजह एक मुस्कुराहट की

जीवन फूलों-सा
ये जो दुख रूपी काँटे हैं
जिन्हें तुम अपने दामन में
बिछाए बैठे हो
अंत नहीं है इनकी चुभन का
मत व्यर्थ करो अपने आँसू
इनके पोषण में
अगर कुछ कर सकते हो इनका
तो अपनी उदारता की छुअन से
चूम लो इनको
और महका दो
नाज़ुक नवजात फूलों की तरह
फूल जो खिलने पर
जीवन के हर मोड़
पे रहेंगे तैयार
तुम्हारी राहों को सजाने के लिए
कभी मुस्कुराएगा कोई
रूठा हुआ दोस्त
इनकी सुर्ख़ रंगत को देखकर
मुरझाकर भी जो देंगे तसल्ली
जब-जब अपनी किताबों में उन्हें पढ़ोगे

सहेज देंगे जो तुम्हारे आँसुओं को
ओस की बूँदों की तरह
अपने नाज़ुक बदन पर
और बन जाएँगे वजह
एक मुस्कुराहट की

अपनों की तरह

समझ बैठे यहाँ हर किसी को अपनों की तरह
आँख खुली तो टूट गए सपनों की तरह
मुकम्मल हो जाएँगे जब ख़्वाब सभी
पेश आएगी ये दुनिया भी अपनों की तरह
मिली तो सर झुका के ये ज़िंदगी सारी
चंद लम्हों से निभी पर दुश्मनों की तरह
दुनिया जैसी दिखती है वैसी होती नहीं
यहाँ दुश्मन भी गले मिलते हैं अपनों की तरह

उम्मीदों की नौका

तुम एक नौका हो जिस पर बैठकर
मुझे इस जीवन रूपी सागर के पार जाना है
ये सफ़र नहीं है एक दिन का
इस नाव से मैंने गहरा रिश्ता
बनाया है
एक और मुसाफ़िर था मेरे जैसा
जिसको मैंने देखा था
उसकी नाव में दरिया के पार जाते
तूफ़ानों से लड़ते हुए
लहरों से जूझते हुए
और अंत में किनारे को पाते हुए
जब भी किसी तूफ़ान को आते
देखती हूँ
या किसी लहर को उठते देखती हूँ
तो उन सब मुसाफ़िरों का सफ़र
एक प्रेरणा बनके मेरी नाव को कभी
डूबने नहीं देता
मगर दरिया के पार जाना
या किनारे से लग जाना
ही हर नाव का स्वप्न नहीं होता
कोई किनारों के लिए बना होता है

कोई तूफ़ानों के लिए
मगर मुझे बस एक बात ही
मालूम थी कि
अपनी कश्ती से अलग होकर
मुझे कहाँ जाना है (अर्थात कहीं नहीं जाना है)
सब सोचें कि मैं तूफ़ानों से लड़ते हुए
कभी ना थकते हुए
सबकी प्रेरणा बनते हुए
जीवन भर सफ़र में ही हूँ
मगर ये कोई मेरी दरियादिली नहीं
ये मेरा स्वार्थ है
मुझे प्रेम है अपनी कश्ती से
किनारों से भी ज़्यादा

अपनी आँखों से रौशन करो

उगते सूरज को देखकर
मन में एक ख़ुशी जगी
लगा अँधेरा चाहे लाख हो जाए
सो जाए चाहे सारी धरती
कभी तो मगर दिन निकलता है
कब तक छुपा के रखोगी
अपनी आँखों में चमकते
सूरज की नूरानियाँ
कभी तो आँखें ये खोलो
तो रौशन हो जाए सारा जहाँ
बंद कर देती हो जो
आँखों की सीपियाँ
तो जहाँ में फैल जाता है अँधियारा
कभी तो बुझते सूरज को
अपनी आँखों से रौशन करो
कि तुम्हारी आँखें बंद होते ही
होने लगता है अँधेरा
और सो जाता है ये जहाँ

काले नक़ाब

मेरे साथ-साथ चलता है इक दोस्त
ओढ़े सफ़ेद एक बेरंग-सी चादर
आजकल दुखी है काफ़ी
कहता है अब बस कुछ दिन और जीना है
फिर मर जाना है
फिर दुबारा जन्म लूँगा एक नया-सा
पूरा जिस्म लेकर
कहता है कि उस पर एक इल्ज़ाम है
कि लाख कोशिशें करने पर भी
उजाला नहीं दे सकता
मैं समझाती हूँ उसे कि ग़लती उसकी नहीं
उजाला अपने अंदर होना चाहिए
आँखों से देखने वाले भी अब देख नहीं सकते
क्या सही है क्या ग़लत
तेरे अँधेरे में कोई ग़लती नहीं है
देख अब सूरज के उजाले में भी लोग अंधे बनके घूम रहे हैं
उनकी रूह काली है
उनमें अँधेरा है
अब वो रातों को चैन की नींद सोते हैं
और दिन के उजालों में निकलते हैं
काले नक़ाब पहनकर

हर रूप में मेरा अनादर हुआ

मैं पशु योनि में जन्मी थी
पशुओं में श्रेष्ठ गौ की योनि में
मुझ पर बहुत बड़ी ज़िम्मेदारी सौंपी गई
और मेरा कर्तव्य था
मानव के जीवन का पालन पोषण करना
मगर विधाता ने मुझे आवाज़ नहीं दी
इसलिए ज़ुल्म सहती रही चुपचाप
और एक दिन
मुझसे अपनी पेट की भूख मिटाने वाले
जिस्म की भूख भी मिटाने लगे
खैर मैं पशु योनि में जन्मी थी
और निवस्त्र और गूंगी थी
फिर घोर तपस्या और सत्कर्म करने के बाद
मेरी आत्मा को मानव का दुर्लभ देह प्राप्त हुआ
मैं ख़ुद को सौभाग्यशाली मानती हूँ
क्योंकि ऋषि मुनि भी कहते हैं
कि मानव का देह बार-बार नहीं मिलता
मेरा जन्म एक स्त्री के रूप में हुआ
और सारे कुल और वंश को
आगे बढ़ाने की ज़िम्मेदारी मुझे सौंपी गई
मगर मेरी लाचारी, निर्बलता और ग़रीबी के कारण

मेरी बली चढ़ा दी गई
और मेरे शरीर का अंग-अंग नोच डाला
मुझे जो आवाज़ दी गई थी
दबा दी गई
और जो तन ढकने के लिए वस्त्र मिला
फाड़ डाला
फिर हज़ार वर्षों की निर्जल तपस्या
और ताप के पश्चात
मेरा देवी के रूप में अवतार हुआ
और सृष्टि का पालन पोषण सौंपा गया
इस बार मेरे पास सिद्धियाँ भी थीं
और शक्तियाँ भी
और मेरे हाथ के एक इशारे पर
ब्रह्मांड का चलना रुकना था
और स्वयं विष्णु के अवतार मेरे स्वामी थे
फिर भी वो पापी रुके नहीं
और एक राक्षस आया और मुझे
हरण कर ले गया
मुझ पर लांछन लगाए गए
और भरी सभा में फिर एक बार मेरा
चीर हरण हुआ
सबने देखा, मगर हुआ कुछ नहीं
मैंने पशु का जन्म लिया
मैं मानव देह को प्राप्त हुई
मैंने देवी का भी अवतार लिया
और हर रूप में मेरा अनादर हुआ
अपमान हुआ

उम्मीद से भी उम्मीद

कोई ख़ुशी पल भर ठहरती नहीं
पार कश्ती भँवर की उतरती नहीं
इतनी बिगाड़ी नहीं थी कभी जो
ज़ुल्फ़ वो सर पर क्यों सँवरती नहीं
एक फूल ऐसा खिला है बहार में
कली कोई बगिया में महकती नहीं
इतनी उम्मीदों में गुज़ार दिया है ख़ुद को
कि उम्मीद से भी उम्मीद अब करती नहीं

मेरे आँगन में बिखरे पत्ते

एक सूखा लफ़्ज़ दर्द में मेरी आँखों से झड़ आया
ठीक उसी तरह जैसे पतझड़ के मौसम में
ज़र्द पत्ते मेरे आँगन में बिखर जाते हैं
बारिश के मौसम में डालियों पर
पत्ते फूलों संग बहुत महकते हैं
और जब जीवन में खोई ख़ुशी आयद होती है
होठों पर लफ़्ज़ बहुत चहकते हैं
तुम्हें याद है तुमने एक दिन ख़िज़ाँ के झड़ते पत्तों पर
अपना नाम लिखकर दिया था
उस पत्ते पर मैं अक्सर कुछ लफ़्ज़ मंत्रों की तरह
फूँक देती हूँ
इस उम्मीद में कि शायद वो सूखा पत्ता खिल उठे
और तुम्हारा नाम कभी धुँधलाए ना
रात में सोते वक़्त कुछ लफ़्ज़ चुपके से
मेरी डायरी से निकल जाते हैं
वो कोशिश करते हैं
तुम तक पहुँचने की
मैं भी तो क्या करूँ
बहुत डरती हूँ उनसे
सो तुम तक जाने देती हूँ

अपने जनाज़े ख़ुद उठते देखते हैं

बड़े दर्द सहते हैं बहुत जोखिम लेते हैं
जो अपने जनाज़े ख़ुद उठते देखते हैं
मुट्ठियों में भरे नमक से बचाने के लिए
ज़ख़्म कपड़ों में छुप-छुपकर बैठते हैं
जब मुसाफ़िर राहों से भटकने लग जाएँ
सहमे-सहमे रास्ते ख़ुद को खोजते हैं
ख़ामोशियाँ जब दर्द को पढ़ने लग जाएँ
शब्द हौसले बनकर होंठों पे गूँजते हैं

अपना ही दिल अपना नहीं रहता है

समंदर गहरा होता जाता है हर बढ़ते क़दम के साथ
ऐसे ही तो प्यार होता है
वक़्त के बढ़ते क़दमों संग गहराता चला जाता है
तो क्या प्यार वक़्त का मोहताज है
इसका सफ़र एक क्षण से शुरू होकर
क्या जन्मों तक चलता ही रहता है
कितना गहरा है वक़्त के समंदर में
बहते पानी की बूँदों-सा एक क्षण
हमारी पूरी ज़िंदगी भी एक क्षण की ही है
हमें जन्मों में विश्वास नहीं
मगर ज़िंदगी में कुछ क्षण ऐसे भी होते हैं
जो पूरे एक जन्म के बराबर होते हैं
उनमें से एक क्षण वो होता है
जिस क्षण अपना ही दिल
अपना नहीं रह जाता है

वक़्त का छलावा

कुछ बदली-बदली-सी है ज़िंदगी
या शायद कोई छलावा है वक़्त का
वक़्त भी कैसे खेल करता है
सब कुछ बदल देता है
ना कभी रुकता है
ना रुकने देता है
छलावे भी बहुत ज़रूरी है ज़िंदगी में
जितने ज़रूरी सहारे हैं
बताओ अगर जीवन में कोई सहारा न होता
वक़्त के भँवर में यादों का किनारा न होता
तो शायद ये ज़िंदगी कभी ठहरती नहीं
या ठहर ही जाती
ऐसे ही हमारी ज़िंदगी में
तुम्हारी यादों का सहारा
और मोहब्बत का छलावा न होता
तो हम भी शायद ठहर जाते
या शायद ठहरे हुए क़दम
बहुत आगे बढ़ जाते

चक्रव्यूह

वो कोई देवता नहीं
देवता अब जन्म नहीं लेते धरती पर
पैसा बड़ा है
सबको प्यारा है
ये वजह है
हर जुर्म की
हर पाप की
हर पीड़ा की
कायरता जन्म देती है अंधविश्वास को
लोग लूटे जाते हैं
डराए जाते हैं
बहलाए जाते हैं
कब डराए जाते हैं?
जब भय का अंधकार
सूझ-बूझ के प्रकाशमय सूर्य को
निगलने लगता है
वक़्त एक-सा नहीं रहता
बदल जाता है
इसे बदलने वाले भी हम हीं हैं
एक बार कोई चक्रव्यूह में फँस जाए
तो निकल नहीं सकता

अभिमन्यू भी नहीं
चक्रव्यूह बनाए ही क्यों जाते हैं
हम ही बनाते हैं
हम ही फँसते हैं
चक्रव्यूह तोड़े नहीं
नहीं टूटेगा!
इसे बनने ही ना दें

ख़ुशियों की प्यास में

रात दिन चलता जा रहा है मुसाफ़िर
रास्तों पर भटकता हुआ, ठोकरे खाता हुआ
ख़ुशियों की प्यास में
सफ़र की धूप को पीता हुआ
पत्थरों से उलझ रहा है
पल-पल ज़ख़्मों को भरता हुआ
हर मौसम चलता जा रहा है मुसाफ़िर
कभी फूलों-सा खिलकर कभी पत्तों-सा झड़ता हुआ
बिखरती साँसों को समेटकर
क़दमों के छालों को चूमता जा रहा है
पतझड़ के सूखे पत्तों में से
बहारों के फूलों को चुनता जा रहा है
मुसाफ़िर है ये किस सफ़र का
किस सफ़र की ओर ये जा रहा है

स्वर्ग के झूठे देश

सरहदों पर शहीद होने वालों की रूह
जाती नहीं स्वर्ग के झूठे देशों में
सरहदों पर शहीद होने वालों की रूह
बस जाती है अपने घर के हर एक कोने में
वो सोती है माँ के आँचल में सर रखकर
पिता के बूढ़े हाथों की छड़ी बन जाती है
वो हँसती है गाती है यारों की महफ़िल में
अपने महबूब की गलियों में बस जाती है
वो लड़ती है झगड़ती है बहनों से
और उनकी नादान बातों पे हँस देती है
जब उठती है उन बहनों की डोली
उनकी विदाई पर छुप-छुपकर रो देती है
शहीद जवानों की रूह जाती नहीं है
स्वर्ग के झूठे देशों में
वो बस जाती है
माँ के आँचल में
प्रेयसी के काजल में
पिता की बैसाखी में
बहनों की राखी में

दिलबरों को बहलाना

ये जो आँखों में तेरे है आँसुओं के सेहरे
वीरान दिल की बस्तियों में रातों के अँधेरे
तेरी आवाज़ में जानेजाँ जो अफ़साने तड़प रहे हैं
तेरे लबों पे जो ग़मों के तराने थिरक रहे हैं
उसी तड़प से गुज़रे ना जाने कितने सोगवार है
धधकते दिलों पे बरसे अनगिनत अंगार है
जो तूने तोड़े थे गुलशन खिल चुके हैं बहारों में
फ़लक के तारे सज गए हैं आँखों के चौबारों में
अब छोड़ ये बीते दर्दों को सहलाना
अपनी अदाओं से दिलबरों को बहलाना

कटी पतंगें नहीं होतीं उड़ाने के लिए

जाओगे कहाँ-कहाँ ग़मों को मिटाने के लिए
रोओगे कितना दुनिया को हँसाने के लिए
अँधेरे तैयार रहते हैं क़दम रोकने को
दीये नहीं जलाया करते बुझाने के लिए
हवाएँ जानती हैं आसमानों की अना
कटी पतंगें नहीं होतीं उड़ाने के लिए
किनारों पे अक्सर जो डूब जाया करती हैं
कश्तियाँ नहीं होती सागर में चलाने के लिए
हर फूल खिलता है अपनी क़िस्मत लेकर
कोई डाल पे कोई गुलदान में सजाने के लिए
आईना देखकर रो लीजिएगा तन्हाई में
हर ग़म नहीं होता दुनिया को सुनाने के लिए

उम्र भर

हम अपनी कश्ती को बे-किनारा करते रहे उम्र भर
जीना है बस थोड़ा और इशारा करते रहे उम्र भर
गुज़रे वक़्त पर ख़र्च कर दी ज़िंदगी की तमाम उम्र
बद यादों पर ज़िंदगी को बे-सहारा करते रहे उम्र भर
मिल जाएगी तो हिसाब कर देंगे हर दर्द का अब
बहुत बातें दुनिया की चुपचाप गवारा करते रहे उम्र भर
तोड़ देंगे आसमाँ से, बैठा देंगे ज़मीं पर
चाँद की उम्मीद में ख़ुद को सितारा करते रहे उम्र भर

अँधेरी रातें

बूँद-बूँद घुलता है दर्द रात के लहू में
सहर की रूह पे घाव बना जाता है
चुप-चुप गुज़रती है रात अँधेरों के सय्यारों में
दिन रोते हैं, आफ़ताब आग पिलाता है
शबो-रोज़ चलते रहते हैं चाँद और सूरज
बिना रुके
एक दिन के लिए ठहर जाते
बेचारी रात और बेचारे दिन
कैसे थकी-थकी ज़िंदगी गुज़ार रहे हैं

चाँद की सूरत

नीले आसमाँ में घुलते रहते सारे बादल
चाँदनी सारी बरसती रहती रात भर
दरीचों पर चादर बिछी है तारों की
हाथों में है चाँद की सूरत
बूँदें गुनगुना रही हैं कोई नग़मा पुराना
एक और रात तसव्वुर में बीत गई

तुम इन ग़मों को पढ़ने की रौशनी हो

किताब के सफ़हों-सी है ये ज़िंदगी
एक सफ़हा अपनों के नाम
एक मोहब्बत के नाम
और एक तुम्हारे
एक सफ़हा दर्द का भी है जिसे शौक़ से पढ़ा
अक्सर हम इन कड़वे पन्नों को छोड़ देते हैं
और आख़िर में समझ नहीं पाते
अपनी ज़िंदगी की कहानी
जो ख़ुशियों के पन्ने होंगे
वो रात के अँधेरों में भी नज़र आएँगे
मगर चाहे कितनी भी रौशनी हो
ग़म के सफ़हे फिर भी नहीं पढ़े जाएँगे
तुम इन ग़म के सफ़हों को पढ़ने की रौशनी हो

बीती यादों की तलाश

एक लम्हा साहिल पे बैठा
गीली रेत पर दम तोड़ रहा था
वक़्त दौड़ता आया और
लम्हे को बाँहों से लगाकर
बीती यादों की तलाश में खो गया
जाने कितने लम्हों ने हर शाम
वक़्त की बाँहों में दम तोड़ा था
उस एक लम्हे की तलाश में
खड़ी थी मैं भी
और गुज़रते वक़्त की ज़ब्त से
उस लम्हे को चुराने आई थी
इस उम्मीद में कि शायद
मेरी पनाह में वो अमर हो जाए
और उसकी सोहबत में मैं भी जी लूँ
आज तक उस लम्हे को
वक़्त की नज़र से छुपाया हुआ है
और अपनी साँसों से उसमें
दम भरा है
कुछ लम्हें गुज़रते वक़्त में
गँवाने के लिए नहीं होते

किराये के आसमान

धुआँ उठता है चिराग़ों से
तो आसमानों में लुप्त हो जाता है
कलेजे से उठता धुआँ मगर
रूह के ज़र्रे-ज़र्रे में उतर आता है
ना बीते हुए पल से कोई सहारा
ना आने वाले पल में कोई ज़िंदगी नज़र आती है
उजालों में इतने उजाले नहीं
जितनी रातों में रौशनी नज़र आती है
ज़िंदगी तुझसे हम और कितना शर्मिंदा होते
मौत माँग लेते अगर ज़िंदा होते
हमें किराये के आसमानों का टुकड़ा बर्दाश्त नहीं
ख़ुद को पिंजरों में क़ैद कर लेते अगर परिंदा होते

किसी की मुस्कान ने

ये रूहानी मौसीक़ी और रक़्स करता हुआ माहताब
तेरे इंतज़ार में ढल ना जाए इक और शाम
ये कौन-सा रंग पहना था उस दिन नीले आसमान ने
यूँ पहले तो कभी दिल ना चुराया था किसी की मुस्कान ने
उफ़क़ से मुस्कुराकर जब देखा सूरज ने किरणों को
फ़ना ना हो जाए दिल कहीं, डर था धड़कनों को
उस रात बूँदें बरसती रहीं बादलों का सीना तोड़कर
सब कुछ तो पहले जैसा था बस इक ज़िंदगी को छोड़कर

वक़्त का आईना

उस दिन सब भा रहा था आँखों को
शायद तुम्हारा कुछ हिस्सा
रह गया था उनमें कहीं
हमने सूरज को ढलते देखा
मगर उस शब अँधेरा हुआ नहीं
वक़्त को उस दिन शायद
ख़ुद में हमारी झलक दिखी होगी
वरना पहले तो कभी ऐसे ठहरा ना था वो
मगर अब पहले जैसे ही सूरज ढलता है
रात होती है
अँधेरा होता है
हमने वक़्त को कुछ पल के लिए
अपना हमज़ाद तो बनाया
मगर ना उसे कभी रुकना सिखा सके
और ना ही हम उससे सीख सके हर पल चलते रहना
हम चलते रहते तो शायद उस शब अँधेरा दिखता

आँखों को आँसू लाने से रोक लेती हूँ

आँखों में अश्क भी हैं और
तुम्हारी तस्वीर भी
मैं डरती हूँ कि कहीं मेरे अश्कों से
तुम्हारी तस्वीर
धुंधली ना पड़ जाए
सो आँखों को आँसू लाने से रोक लेती हूँ
चेहरा कोई दिन में देखे तो
मुस्कुराता हुआ दिखता है
रात को मैंने चेहरे की परतें छीलीं तो
एक बहुत बड़ा समंदर इकट्ठा हो गया था
ग़लती आँखों की भी नहीं थी
मैंने जो उन्हें बाहर बहने से मना किया था
उस समंदर में तुम एक दिन डूबते नज़र आए
सो अब मैं रात में कभी-कभी रो लेती हूँ

तेरी आँखों से कुछ आँसू लेकर

तेरी सोहबत में रात दिन, कहकशाँ के तारे गिना करते थे
चाँद दरिया में उतरता था, किनारे मौजों पर मर मिटा करते थे
एक बादल तोड़कर जब तूने, मेरी पलकों पर सजा दिया था
आसमान ने सियाह रंग घोलकर, हम पर क़हर कितना किया था
आज रात हवाओं को हम, तेरे घर की तरफ़ मोड़ते रहे
चाँद से इजाज़त लेकर, फ़लक से तारे तोड़ते रहे
झूठ सच होता अगर, तो हम झुठला देते मिटा देते
तेरी आँखों से कुछ आँसू लेकर, अपनी पलकों पर सजा देते

बिन मौसम बरसात हुई

हवाएँ बह रहीं थी, चाँद और सूरज भी जल रहे थे
हाथों में लेकर हाथ हमारा, हम तुम साथ चल रहे थे
ये वक़्त की कोई शरारत थी, जो बिन मौसम बरसात हुई
तुम्हारी रूह से मेरी रूह की, इक पहली-सी मुलाक़ात हुई
आसमान पर उस दिन शायद, कोई रंग नया चढ़ रहा था
मेरा दिल भी तो तुम्हारे दिल की, धड़कनों को पढ़ रहा था
रोक लेते उस पल को हम, और बस तुमको देखते रहते
तुम्हारी साँसों में रात और दिन, ख़ुशबू की तरह महकते रहते

अश्कों की मुलाक़ात

कुछ को घटा, कुछ को बरसात लगी
तुम बिन हमें अंगारों की बारात लगी
आईनों ने ख़ामोशी ओढ़ी रखी थी
हमें एक पत्थर की खुराफ़ात लगी
जब भी चाँद ने देखा हँसकर तारों को
हमसे बदतर किसी की ना हालत लगी
जब देखा उसको हमने मुस्कुराते हुए
ज़िंदगी मिली, दिल को जवाँ हयात लगी
अब शिकवा नहीं, ना गिला किसी से
आँखों को अश्कों की अच्छी मुलाक़ात लगी

मंज़िल का पता

कई रास्तों से गुज़रकर एक रस्ता दिखता है
यूँ ही नहीं मुसाफ़िर को मंज़िल का पता मिलता है
अपनी कोख में सुलाती है धरती सदियों तक
यूँ ही नहीं पेड़ लहराते हैं, फूल खिलता है
वक़्त लगता है हर काम को पूरा होने में
फल पक जाने पर ही पेड़ से गिरता है
थोड़ा ग़मों से भी यारी दोस्ती करके देखा करो
तुम्हारे दिल का दरवाज़ा सुकून के लिए ही खुलता है

आँसू बनकर

इन दिनों बहुत ख़ुश रहने लगे हो
किसे भूलने किसे याद करने लगे हो
जो हमने कहा वो तुमने कभी सुना नहीं
जो हमने पूछी नहीं वो बातें कहने लगे हो
सफ़र में तुमने रफ़्तार हमेशा तेज़ ही रखी
हमने जब क़दम मिलाए तो रुकने लगे हो
तुम्हें छोड़कर जिसने छोड़ दी दुनिया
तुम क्यों आँसू बनकर उससे मिलने लगे हो

ख़ुद्दारी रखी

दुश्मनों से भी ख़ूब हमने यारी रखी
जिस सफ़र पर न गए उसकी भी तैयारी रखी
दुनिया की तस्वीर देखकर आए हैं जबसे
आईने में दिखने वाले से भी ख़ुद्दारी रखी
चलती नहीं ज़िंदगी कभी किसी के भरोसे
यूँ ही नहीं दूर साथ जीने मरने की यारी रखी
क़िस्मत को भी कभी एक मौक़ा दिया था हमने
बहुत महँगी उसने भी हमसे रिश्तेदारी रखी

इस छोटे से जीवन में

इस छोटे से जीवन में कुछ लोग
यादें ऐसी बन जाते हैं
कुछ हमको याद हैं करते
कुछ को हम ना भूल पाते हैं

जो पहले कभी चहकते थे
छोटी छोटी बातों में
अब ख़ामोश यादों की गलियों से
होकर गुज़र जाते हैं

कुछ पल यूँ भी आते हैं जीवन में
जिनसे हम मिलने की ज़िद करते थे
उनकी चौखट पे आके लौट जाते हैं
ज़िंदगी कभी एक-सी नहीं रहती है
इसमें लोग अनेक आते अनेक जाते हैं

हाँ मगर कुछ चेहरे ऐसी तस्वीरें बन जाते हैं
दिल की दीवारों पे रहते हरदम जिनके साए हैं
भूल से भी भूल ना पाए कोई उनको
आँखों से उतरकर रूह में वो समा जाते हैं

दुख की बारात

ख़बर एक घर में ऐसी आई
सबने पूछा क्या तू ही थी उसकी माई
बेटा तेरा गिरा पड़ा है
सुनकर दिल सबका डरा है
नाम, पता सब था इसी घर का
था लाडला माँ का सबसे वो लड़का
टूट गया सपनों का घड़ा
ये कैसी सज़ा मैंने पाई है
लुट गई सुख की मड़ैया
दुख की बारात घर आई है

घर हो गया अकेला
माँ भी अकेली हो गई
भूल गई सब होश जहाँ का
गुमसुम एक पहेली हो गई
वो माँगती थी हर किसी से
सांत्वना एक ही
होगा ना मेरा बेटा चैन से
है जहाँ कहीं भी

सब बोल के दो शब्द शोक के
छोड़ अकेला चले जाते
माँ दिन दिन याद कर बेटे को
मिटती-बुझती थी
माँ के सिवा और किसे पीड़ा कभी
छू सकी थी

रहती हर दम उदास बिस्तर पर पड़ी
न खाने-पीने की रहती थी उसे सुधि
हँसती रहती थी पहले
अब नाम भी अपना भूल गई
चलती रहती थी
रुकती न थी कभी जो
सब काम वो करना भूल गई

जब छोड़ कभी कोई किसी को
वक़्त से पहले चला जाता है
दुख, दर्द, रक्त के आँसू
और पल-पल की घुटन
पीछे छूटने वालों का हृदय पता है

तुम्हारी साँसें मेरा संगीत

एक गीत निकलता है
मन कि गहराइयों से
जैसे बजती हो कोई बाँसुरी
अधरों की छुअन से
और एक मधुर संगीत
बिखर जाता हो हवाओं में

मैं बन जाती हूँ एक बाँसुरी
और मेरे जीवन की चाह
बस इतनी है
कि तुम अपनी साँसों से मुझे छूकर
एक मुकम्मल गीत बना दो

थिरकती अपनी उँगलियों से
मन के सुराख़ों को भरकर मुझे
एक मुकम्मल गीत बना दो

कभी देखो हँसकर मुझे
और कभी शरमाकर
लिपटा लो मुझे अपने बालों से
और गोल छल्लों में उनको सँवारकर
एक मुकम्मल गीत बना दो मुझे

बस इतना ही हो रिश्ता हमारा
तुम्हारी साँसें और मेरा संगीत
और क्या चाहिए इस जहाँ में
बस सुंदर एक गीत चलता रहे
मधुर कोई संगीत बिखरता रहे

यादें ख़ूबसूरत किसी की

आँखों में झिलमिलाते हैं तारे
बनके सूरत किसी की
निगाहों ने बसा ली है दिल में
एक मूरत किसी की

हमें ना पता था इश्क़
में होता है ऐसा
मुश्किल बड़ा देखो
ये खेल है कैसा
ख़यालों में महकती है
यादें ख़ूबसूरत किसी की
दिल को रहने लगी
पल-पल ज़रूरत किसी की

ज़िंदगी तूने जो माँगा

पाकर कुछ हमने कुछ तो खो दिया
सोचकर इस बात को दिल कितना रो दिया

चले थे हम जिस पत्थर को दिल बनाने
उस पत्थर को छूकर मैं आईना हो दिया

जागती आँखें तकती रही दीवारें रातभर
जाने कौन ख़्वाब पलकों पे मेरी सो दिया

आवाज़ दी इस दिल को जब भी तुमने
हम तो बैठे रहे दिल क्यों आपका हो दिया

ख़्वाब तो नादाँ थे सदाएँ देते रहे
ज़िंदगी तूने भी जो माँगा हमने वो दिया

शोर से शांत हो जाना नहीं

जब भीतर एक शोर हो
तो कहाँ सुनाई देता है शोर दुनिया का
जब पुकारती हो कोई आवाज़ अंदर से
तब शायद मौन हो जाते हैं लफ़्ज़ भी
ये शोर जो धड़क रहा है तुम में
ये शोर जो शांत कर चुका है तुम्हें
इसे ज़ाया मत होने दो
सुनो!
सुनो इसे और दो जवाब
पढ़ो इस ख़ामोशी को
मत बदलो शोर को तुम
किसी लकीरों में
मत दो शब्द कोई
ना ही जोड़ो अक्षरों को
पहले पढ़ो इसे
समझो बातें
बातें जो मन के अँधेरों में खो गईं
शोर को शांत होना चाहिए
शोर से शांत हो जाना नहीं
शांत मन को फैलानी चाहिए शांति
मगर शांत मन ही कर देते हैं शोर

है अगर शोर मन में
तो क्रांति लाओ
है शांत मन
तो शांति लाओ

ज़िंदगी की महक

ख़ुशबू हूँ हवाओं से बिछड़ के कहाँ रह पाऊँगी
अगर फिर ऐसे बह भी गई तो रुक जाऊँगी
ये ज़िंदगी अगर खेल है तो हारना सीखा नहीं मैंने
मंज़िल अगर दूर है तो क़दमों को अपने रोकना सीखा नहीं मैंने
दुनिया अगर मिट्टी का खिलौना है तो तोड़ना सीखा नहीं मैंने
जो दिल के क़रीब है उसे छोड़ना सीखा नहीं मैंने
सीखा है मैंने हवाओं से ज़िंदगी की महक फैलाना
सीखा है सूरज-सा जलना जल के भी हर तरफ़ रौशनी फैलाना
मैं कोई रास्ता नहीं कि एक मोड़ पर आ के मुड़ जाऊँ
एक बार चलूँ कभी तो फिर रुक ना पाऊँ में
निगाहों में तूफ़ान है और दिल में समंदर
अगर भटक भी जाऊँ तो सबको रास्ता दिखाऊँ मैं

पतझड़ की हवाएँ

घर से निकले थे मर जाने के लिए
ज़िंदगी से मिल के आ गए
ज़ख़्म खिलके कहीं नासूर ना हो जाते
ज़रा मुस्कुराए और होंठों से सिल के आ गए
पतझड़ की हवाओं में बहुत बिखरे अरमान मेरे
हम फूल थे मगर महकते हुए, खिल के आ गए
तूफ़ानों में तो अक्सर बुझ जाते हैं चिराग़
हम बुझते कहाँ और भी तेज़ जल के आ गए

दे जाती हैं सिर्फ़ मुस्कुराहटें

शोर तलाशता है ख़ामोशी
ख़ामोशियाँ ढूँढती हैं कोई आवाज़
आवाज़ अपनी-सी पहचानी-सी
मगर दे जाती हैं सिर्फ़ मुस्कुराहटें
मौन होंठों पर
आँखें चाहती हैं मिलना
आँखों से
मगर छूकर चली जाती हैं
सिर्फ़ चेहरों को
कोई हँसता है जब तो दिल नहीं मानता
नहीं मानता कि रुला सकते हैं हँसाने वाले भी
टोकती हैं ज़ुबाँ कहने से कुछ
बदल देती हैं शब्दों को सिर्फ़ मुस्कुराहटों में
मगर चुप कहाँ रहती हैं आँखें
आँखें ये बोल देती हैं सब कुछ

दिल से लगाते हैं

दिल से लगाते हैं लगाकर फिर छोड़ देते हैं
चलते हैं कुछ दूर साथ-साथ, राह में फिर रस्ता मोड़ देते हैं
यूँ तो ज़िंदगी में आते हैं लोग हज़ारों
मगर किसी-किसी से दिल की डोर बँध जाती है
भूलना चाहते हैं हर दिन उन्हें पर
भुलाने से याद और भी बढ़ जाती है
कितना दुखता है दिल बीती यादों को याद करके
आँख भी भर आती है बीती बातों को याद करके
एक ग़लती हो जाने पर रिश्ता तोड़ देते हैं
चलते हैं कुछ दूर साथ-साथ, राह में फिर रस्ता मोड़ देते हैं
हमने दिल को घर बनाया और दी रहने की जगह
हर दिए ज़ख़्म को मंज़ूर किया ना कहने की जगह
हर भूल पर मुस्कुराए हम और अपने सीने से लगाया
फिर भी इस भरी दुनिया में ख़ुद को अकेला ही पाया
हम बन ना पाए इस ज़ालिम दुनिया के जैसे
छोड़ ना सके हाथ कभी एक बार पकड़ के
लुटा दी दिल की सारी दौलत
नफ़रत की तिजोरियाँ तोड़ के
फिर भी फ़ितरत है लोगों की दिल से लगाकर छोड़ देते हैं
चलते हैं कुछ दूर साथ-साथ, राह में फिर रास्ता मोड़ देते हैं

तुम इन ग़मों को पढ़ने की रौशनी हो

किताब के सफ़हों-सी है ये ज़िंदगी
एक सफ़हा अपनों के नाम
एक मोहब्बत के नाम
और एक तुम्हारे
एक सफ़हा दर्द का भी है जिसे शौक़ से पढ़ा
अक्सर हम इन कड़वे पन्नों को छोड़ देते हैं
और आख़िर में समझ नहीं पाते
अपनी ज़िंदगी की कहानी
जो ख़ुशियों के पन्ने होंगे
वो रात के अँधेरों में भी नज़र आएँगे
मगर चाहे कितनी भी रौशनी हो
ग़म के सफ़हे फिर भी नहीं पढ़े जाएँगे
तुम इन ग़म के सफ़हों को पढ़ने की रौशनी हो

बीती यादों की तलाश

एक लम्हा साहिल पे बैठा
गीली रेत पर दम तोड़ रहा था
वक़्त दौड़ता आया और
लम्हे को बाँहों से लगाकर
बीती यादों की तलाश में खो गया
जाने कितने लम्हों ने हर शाम
वक़्त की बाँहों में दम तोड़ा था
उस एक लम्हे की तलाश में
खड़ी थी मैं भी
और गुज़रते वक़्त की ज़ब्त से
उस लम्हे को चुराने आई थी
इस उम्मीद में कि शायद
मेरी पनाह में वो अमर हो जाए
और उसकी सोहबत में मैं भी जी लूँ
आज तक उस लम्हे को
वक़्त की नज़र से छुपाया हुआ है
और अपनी साँसों से उसमें
दम भरा है
कुछ लम्हें गुज़रते वक़्त में
गँवाने के लिए नहीं होते

एक ख़्वाब-सा बनके तू

एक ख़्वाब-सा बनके तू मेरी यादों में रह रहा है
एक ख़्वाब-सा बनके तू हर पल मुझ से कह रहा है
कि चलो अगर मिल भी ना सके तो
क्या सिर्फ़ एक ख़्वाब ही तो है ये दुनिया
ख़्वाब है ये ज़िंदगी, ख़्वाब है तू और ख़्वाब हूँ मैं
बाक़ी सब झूठ है इस दुनिया में
यही सोच के जी रही हूँ अब
और सब से कह रही हूँ अब
एक ख़्वाब-सा बनके तू मुझ में बह रहा है

ज़िन्दगी कितना दर्द है तेरी बातों में
हमें नींद कैसे आ जाए रातों में

सफ़र में क्या साथ लेकर चले थे वो
बस एक दिल और उसमें ढेर सारा प्यार

बचपन से ही कविताओं और शायरी का शौक ऐसा लगा कि इन्होंने स्कूल में पढ़ाने की अपनी फ़ुल टाइम नौकरी छोड़ दी। इनका जन्म और शिक्षा आगरा शहर में हुआ और मोहब्बत के शहर ने इनको ख़ूब मोहब्बत करना सिखाया—

ना कोई बात लगी दिल को
ना गम से आँख भर आई थी कभी
जैसी भी थी ये ज़िन्दगी
हमने गले से लगाई थी कभी

ऐसे शेर जो दिल को हल्का कर दें इन्होंने ख़ूब कहे—

जिनसे मिलने की ज़िद करते थे
आज उनकी चौखट पे आके लौट जाते हैं
ज़िन्दगी कभी एक सी नहीं रहती
इसमें लोग अनेकों आते हैं अनेकों जाते हैं

अपनों की या ग़ैरों की, दिल पर न लगें बातें
कितनी भी चाहे लंबी हो, रोकर ना गुज़रें रातें

सुरभि तलरेजा

हिन्द युग्म
hindyugm.com

कविताएँ

9 788195 128624

₹150

blue@hindyugm.com

YELLOWROOTS *India*

कोई नहीं
अधरों से
कहता
वीरेन्द्र विश्नोई 'सुमन'